ISBN 978-0-266-82692-7
PIBN 10722353

This book is a reproduction of an important historical work. Forgotten Books uses state-of-the-art technology to digitally reconstruct the work, preserving the original format whilst repairing imperfections present in the aged copy. In rare cases, an imperfection in the original, such as a blemish or missing page, may be replicated in our edition. We do, however, repair the vast majority of imperfections successfully; any imperfections that remain are intentionally left to preserve the state of such historical works.

M/ICMH
rofiche
es.

CIHM/ICMH
Collection de
microfiches.

The Institute has attempted to obtain the best
original copy available for filming. Physical
features of this copy which may alter any of the
images in the reproduction are checked below.

L'Institut
qu'il lui a
défauts su
reproducti

☑ Coloured covers/
Couvertures de couleur

☐ Co
Pa

☐ Coloured maps/
Cartes géographiques en couleur

☐ Co
Pla

☐ Pages discoloured, stained or foxed/
Pages décolorées, tachetées ou piquées

☑ Sh
Tr

☐ Tight binding (may cause shadows or
distortion along interior margin)/
Reliure serré (peut causer de l'ombre ou
de la distortion le long de la marge
intérieure)

☐ Pa
Pa

☐ Additional comments/
Commentaires supplémentaires

☐ Only edition available/
Seule édition disponible

☐ Pa
Err

☐ Bound with other materiel/
Relié avec d'autres documents

☐ Pa
De

☐ Cover title missing/
Le titre de couverture manque

☐ Ma
Des

ng here are the best quality
   the condition and legibility
' and in keeping with the
ecifications.

ame on each microfiche shall
— (meaning CONTINUED"),
eaning "END"), whichever

as borrowed from, and
d consent of the following

Library of Canada

large to be entirely included
filmed beginning in the
ner, left to right and top to
ames as required. The
illustrate the method:

Les images suivantes ont été repi
plus grand soin, compte tenu de l
de la netteté de l'exemplaire film
conformité avec les conditions d
filmage.

Un des symboles suivants appura
nière image de chaque microfich
le symbole — signifie "A SUIV
▼ signifie "FIN".

L'exemplaire filmé fut reproduit g
générosité de l'établissement prê
suivant :

      Bibliothèque national

Les cartes ou les planches trop g
reproduites en un seul cliché son
partir de l'angle supérieure gauch
droite et de haut en bas, en pren
d'images nécessaire. Le diagram
illustre la méthode .

1	2	3

1

2

LES CONFÉRENCIERS

DE

NOTRE-DAME DE PARIS

Conférence faite à l'Institut Canadien de Québec
le 3 avril 1884

PAR

L'ABBÉ P.-N. BRUCHÉSI

Professeur de théologie à l'Université Laval

QUÉBEC

S. CHAPERON & CIE. LIBRAIRES

38, rue de la Fabrique

L:

Notre

LES CONFÉRENCIERS

DE

Notre-Dame de Paris

Imprimatur.

CYRILLUS-S. LEGARÉ, V. G.

Administrator.

Die 25 Aprilis 1884.

————

Cum, ex prescripto Seminarii Quebecensis, recogni-
tum fuerit opus cui titulus "Les Conférenciers de
Notre-Dame de Paris, par l'abbé P.-N. BRUCHÉSI,"
nihil obstat quin typis mandetur.

THOS.-ST. HAMEL, Pter

Rector Universitatis Lavallensis.

Die 25 Aprilis 188'.

Imprimerie Léger Brousseau, 9, rue Buade.

LES CONFÉRENCIERS

DE

NOTRE-DAME DE PARIS

———

Conférence faite à l'Institut Canadien de Québec
le 3 avril 1884

PAR

L'abbé P.-N. Bruchési

Professeur de théologie à l'Université Laval

———————

QUÉBEC
S. Chaperon & Cie, Libraires
38, rue de la Fabrique
——
1884

LES CONFÉRENCIERS

DE

NOTRE-DAME DE PARIS

Monseigneur, [1]

Mesdames, Messieurs,

La parole sacrée possède une éloquence naturelle qui manque à la parole profane : éloquence qu'elle tire des sujets qui lui sont propres, de son caractère et de sa mission. Elle n'exprime pas seulement des concepts humains, mais des pensées divines. Elle ne se nourrit pas d'hypothèses ; rien ne saurait ébranler la certitude sur laquelle elle s'appuie. Ne lui demandez pas du nouveau et du changeant : elle n'invente rien, proclame des révélations immuables et des lois saintes devant

---

(1) Mgr E.-A. Taschereau, archevêque de Québec.

lesquelles tout mortel doit s'incliner.
Elle ne se livre pas en pâture à la dis-
cussion, elle s'impose. Ce n'est pas au
milieu des clameurs populaires qu'elle
retentit, mais dans le silence du temple.
Tout bien périssabie elle le dédaigne ;
elle ne recherche, ne loue, ne fait aimer
que ce qui est éternel. Le domaine dans
lequel elle se déploie est sans limites :
la terre, le ciel, les abîmes de l'Océan
et les abîmes du cœur, les siècles
évanouis, les âges à venir, tout lui
appartient. Son but est de glorifier
Dieu, d'instruire l'homme de ses de-
voirs, de le corriger de ses vices, de
consoler ses douleurs, de le conduire à
la félicité. Voilà ce qui donne à la prédication évangélique une dignité, une
grandeur inconnues à tous les autres
genres de discours; voilà ce qui lui
permet de produire des effets auxquels
ne sauraient prétendre l'éloquence de
la tribune et l'éloquence du barreau.

Vous ne m'accuserez pas, Messieurs, de
plaider *pro aris et focis*. Ce que je viens

de dire, tous les rhéteurs, tous les criti-
ques l'ont proclamé déjà avec plus de
force et dans un plus beau langage.
" Le prédicateur, écrit Cormenin, est
maître de son sujet, et ce sujet est
magnifique comme la création, sublime
comme Dieu, vaste comme l'espace,
infini comme le temps. Il n'est borné ni
par les montagnes, ni par les mers... Il
monte au-dessus des nuées dans les
palais du ciel, tout resplendissants de
lumière, et tout peuplés de séraphins
harmonieux. Il foule à ses pieds la
poussière des siècles et des mondes, et
de sa verge prophétique il chasse
devant lui les générations qui n'ont pas
encore vu le jour... Mais ce qui, pour le
prédicateur, est plus inépuisable que la
nature, ce sont les mystères de la religion et les secrets plus incompréhensi-
bles encore peut-être du cœur humain.
Quels trésors ! quelles misères ! quelles
petitesses ! quelles grandeurs ! quels
sujets ! " Et si nous en appelons à l'histoire : Mirabeau était terrible, sans

doute, au sein de l'Assemblée Consti-
tuante ; Bonaparte électrisait ses soldats au point de leur faire mépriser la
mort ; les salles de Westminster ont
gardé le souvenir des foudroyantes
apostrophes de Pitt et de Fox ; qui de
nous, aujourd'hui encore, peut lire les
immortels discours d'O'Connell sans
pleurer sur la pauvre Irlande persé-
cutée ? Pourtant, il faut l'avouer, ni
Mirabeau, ni Bonaparte, ni Fox, ni
O'Connell n'ont remporté des succès
pareils à ceux de ce pauvre catéchiste,
de cet humble prêtre qui fut le curé
d'Ars. De ces deux paroles que j'oppose
l'une à l'autre, la première avait toutes
les ressources de l'art et du génie ;
mais la seconde, simple et modeste,
dépourvue de tous ces avantages bril-
lants, était une parole divine sur des
lèvres consacrées. La chaire chrétienne
a accompli depuis des siècles et ac-
complit encore chaque jour ce grand
prodige de la conversion des âmes. Elle
n'est pas le siège de la passion, de

l'envie ou de la haine ; seules la vérité et la charité ont le droit d'y monter et de s'y faire entendre. Le peuple y accourt comme à une source de lumière et d'espérance. Aussi, la chaire de la plus humble église de campagne nous apparaît-elle environnée d'une auréole de gloire qui manque à la tribune des Démosthènes et des Cicéron.

On ne peut donc nier, Messieurs, que la parole évangélique, lorsqu'elle est ce qu'elle doit-être, possède toujours une éloquence naturelle même sous la forme la plus modeste et la plus austère. Est-ce à dire qu'elle méprise les préceptes de l'art, qu'elle dédaigne cette action oratoire que Démosthènes donnait comme le gage des plus éclatants succès ? Est-ce à dire qu'elle abhorre les ornements du style et que, se retranchant dans sa dignité intrinsèque, elle veut être étrangère à toutes les qualités qui font la puissance de l'éloquence profane ? Assurément non. Comme la tribune et le barreau, la chaire a ses modèles, ses

maîtres, ses hommes inspirés, et, à tra-
vers les âges, si l'Eglise bénit tous ceux
qui prêchent sa doctrine et ses lois,
elle sait distinguer ses *bouches d'or*, ses
Chrysostôme et ses Bossuet.

II

Il est une chaire, Messieurs, célèbre
entre toutes les autres, qui a vu et voit
encore à ses pieds non seulement les
fidèles d'une paroisse, mais on pourrait
dire tout un grand peuple : j'ai nommé
la chaire de Notre-Dame de Paris. C'est
un trône glorieux sur lequel ont pris
place les princes de la science et de la
parole sacrée. Son enseignement qui
s'adresse à la France retentit par tout
l'univers. Les leçons qui s'y donnent
ne sont pas destinées à périr ; la grande
famille chrétienne les recueille et les
conserve comme des trésors venus du
ciel. La chaire de Notre-Dame ! Messieurs, il n'y en a qu'une au monde !
Quels souvenirs et quels noms illustres
elle rappelle !

Je la vis un jour, vide, hélas ! au milieu de l'immense basilique silencieuse,
et avouerai-je que sa vue m'a rempli
d'une profonde tristesse ? C'était vers
le soir ; je n'entendais que les pas de
quelques pieux fidèles, dans ce lieu où
retentirent des paroles si vibrantes, des
accents si enflammés, des cris si spon-
tanés de foi, d'adoration et d'amour.
Etait-ce bien Notre-Dame ? Notre-Dame
frémissant jadis à la voix de Lacordaire ?
Personne, dans cette grande nef où se
pressaient alors des milliers d'hommes
avides, anxieux enthousiastes ! Par
l'imagination, je ressuscitais dans ma
pensée cette foule compacte, je voyais
le *prophète nouveau*, vêtu de sa blanche
robe de dominicain monter à sa chère
tribune, et il me semblait entendre
tomber de ses lèvres ces inimitables
discours, lus, admirés, savourés pendant les années de collège : " Il y a un
homme dont l'amour garde la tombe ;
il y a un homme dont le sépulcre n'est
pas seulement glorieux, comme l'a dit

un prophète, mais dont le sépulcre
est aimé. Il y a un homme dont la
cendre, après dix-huit siècles, n'est pas
refroidie ; qui chaque jour renaît dans
la pensée d'une multitude innombrable
d'hommes ; qui est visité dans son ber-
ceau par des bergers, et par les rois lui
apportant à l'envi et l'or et l'encens et
la myrrhe. Il y a un homme dont une
portion considérable de l'humanité re-
prend les pas sans se lasser jamais, et
qui, tout disparu qu'il est, se voit suivi
par cette foule dans tous les lieux de
son antique pèlerinage, sur les genoux
de sa mère, au bord des lacs, au haut
des montagnes, dans les sentiers des
vallées, sous l'ombre des Oliviers, dans
le secret des déserts. Il y a un homme
mort et enseveli dont on épie le som-
meil et le réveil, dont chaque mot qu'il
a dit vibre encore et produit plus que
l'amour, produit des vertus fructifiant
dans l'amour. Il y a un homme attaché depuis des siècles à un gibet ; et cet
homme, des millions d'adorateurs le

détachent chaque jour de ce trône de son supplice, se mettent à genoux devant lui, se prosternent au plus bas qu'ils peuvent sans en rougir, et là, par terre, lui baisent avec une indicible ardeur les pieds sanglants. Il y a un homme flagellé, tué, crucifié, qu'une inénarrable passion ressuscite de la mort et de l'infamie, pour le placer dans la gloire d'un amour qui ne défaille jamais, qui trouve en lui la paix, l'honneur, la joie, et jusqu'à l'extase. Il y a un homme poursuivi dans son supplice et sa tombe par une inextinguible haine et qui, demandant des apôtres et des martyrs à toute postérité qui se lève, trouve des apôtres et des martyrs au sein de toutes les générations. Il y a un homme enfin, et le seul qui a fondé son amour sur la terre, et cet homme, c'est vous, ô Jésus ! vous qui avez bien voulu me baptiser, me oindre, me sacrer dans votre amour, et dont le nom seul, en ce moment, ouvre mes entrailles, et en arrache cet accent qui me trouble moi-même, et que je ne me connaissais pas ! ”

Hélas ! Messieurs, ce n'était qu'un rêve ! la chaire était toujours muette, le silence régnait toujours dans le temple ! Trop heureux ceux à qui il fut donné de jouir de ces heures d'émotion indescriptible ! Au pied de cette chaire, pendant que leur cœur palpitait et que leurs yeux se mouillaient de larmes, ils ont dû comprendre mieux que personne que *l'éloquence c'est Dieu dans une âme et l'âme dans une voix.*

Je ne veux pas, Messieurs, séparer de Lacordaire, ses illustres frères, les admirables continuateurs de son œuvre : Ravignan et Félix, deux jésuites, deux apôtres, deux convertisseurs d'âmes, et Monsabré, cet autre fils de St-Dominique qui prouve au monde que le froc du moine est toujours une gloire pour la France, et que dans sa famille religieuse le flambeau sacré change de main, mais ne s'éteint pas. Lacordaire, Ravignan, Félix et Monsabré ! quels hommes,

Messieurs, et quels défenseurs de notre foi ! C'est à eux qu'elle appartient la chaire de Notre-Dame ; ce sont eux qui l'ont immortalisée et leur nom y reste pour jamais attaché dans la mémoire des peuples. Quand des Vandales viendraient un jour à joncher les rives de la Seine des pierres de la vieille basilique ; quand un triste désert remplacerait cette œuvre. gigantesque des âges de foi, le voyageur se souviendrait de ces héros de la parole sainte, comme on se souvient de la tribune aux harangues et de Cicéron au milieu des ruines du Forum romain.

Lacordaire et Ravignan sont morts, mais on peut dire qu'ils parlent encore du fond de leur tombe. Ils ont encore des disciples et des admirateurs plus nombreux peut-être qu'aux plus beaux jours de leur glorieuse carrière. Le premier disait en publiant ses conférences : " Mes paroles arriveront au lecteur froides et décolorées ; mais quand, au soir de l'automne, les feuilles tombent et gisent par terre, plus d'un regard et plus d'une main les cherchent encore, et fussent-elles dédaignées de tous, le vent peut les emporter et en préparer une couche à quelque pauvre dont la Providence se souvient au haut du ciel." Non, Messieurs, elles ne sont pas froides, ces paroles fixées sur le papier ; on y sent encore battre le grand cœur qui les dicta, et combien d'âmes en les lisant ont compris la sublimité du christianisme et la beauté de la vertu !

Le Père Félix, son œuvre à Notre-Dame achevée, a continué sur un autre théâtre son fécond apostolat. La France l'a souvent entendu parler en faveur des orphelins et des pauvres ; elle l'entend encore lui exposer la doctrine et la morale évangélique. Ah ! Messieurs, n'est-ce pas une voix accusatrice qui a le droit de lancer au gouvernement de son pays le sanglant reproche d'ingratitude ? Car cet homme appartient à la famille religieuse que la haine poursuit avec le plus d'acharnement, il est l'un de ces jésuites que l'on veut proscrire, que l'on trouve indignes de diriger et d'instruire l'enfance et la jeunesse. Il a prêché pourtant sous les voûtes de Notre-Dame, il a jeté plus d'une fois dans l'immensité du temple ces grands mots de progrès, de civilisation, de gloire, de patrie et de liberté ; et ceux-là peut-être qui le persécutent maintenant, ainsi que ses vaillants compagnons d'armes, ont autrefois couvert sa parole de leurs bravos.

Lacordaire et Ravignan ont eu chacun une mission distincte à remplir et ils l'ont remplie admirablement. Ils se sont complétés l'un l'autre ; leurs discours forment comme les deux tomes d'un seul et grand ouvrage inspiré par Dieu même. Lacordaire a été le précurseur du Christ, Ravignan en a été l'apôtre ; le premier a préparé les âmes à la foi, le second les a amenées à croire. Le premier comptait ses succès par les milliers d'hommes qu'il attirait au pied de sa chaire, le second par le nombre de ceux qu'il confessait. Lacor-

2

daire, en se séparant de son auditoire, lui adressait ces touchants adieux : " Et vous, Messieurs, génération déjà si nombreuse en qui j'ai semé peut-être des vérités et des vertus, je vous demeure uni pour l'avenir, comme je le fus dans le passé ; mais si un jour mes forces trahissaient mon élan, si vous veniez à dédaigner les restes d'une voix qui vous fut chère, sachez que vous ne serez jamais ingrats, car rien ne peut empêcher désormais que vous n'ayez été la gloire de ma vie, et que vous ne soyez ma couronne dans l'éternité. " Le Père de Ravignan disait, en rendant compte de ses conférences : " J'ai dû avoir des relations avec bien des gens fort connus. M. de Chateaubriand est venu me voir.. des savants m'ont demandé des rendez-vous ; quelques-uns se sont convertis..." Et encore : " Les conversions d'hommes ont été fort nombreuses. J'ai eu pour ma part quatre-vingt-sept confessions générales."

Quant au Père Félix, il est venu lui
aussi à son heure, il a traité le sujet
qu'il devait traiter, il a répondu aux
besoins d'une époque tourmentée, et
ses discours, comme ceux de Lacordaire,
restent une apologie sublime de la
religion chrétienne. Il a laissé sur la
grande question du progrès un ouvrage
immortel, auquel les siècles passés n'ont
rien de comparable et que rien dans
l'avenir n'égalera peut-être. Quand il
s'agit, Messieurs, de l'enseignement
apostolique, d'un enseignement comme
celui qui fait l'objet de cette étude, il
est bon de se rappeler la consolante
promesse du Maître : " Allez, ne crai-
guez rien, je vous inspirerai moi-même
ce que vous devez dire : " promesse qui
s'est vérifiée dans tous les temps et dans
tous les lieux, devant des auditoires
d'enfants comme au milieu des savants
de l'Aréopage, dans les humbles cha-
pelles des catacombes comme sous le
dôme des grandes basiliques, devant les
hommes de foi comme devant les persé-

cuteurs et les bourreaux : " Quoi qu'il
en soit, a dit le célèbre jésuite, des
motifs qui autorisent cette prédication
sur le Progrès considéré au point de
vue chrétien, Dieu m'y a poussé. L'esprit souffle où il veut : j'ai cru sentir
vers ce sujet une impulsion plus forte
que le conseil des hommes ; et je le
dirai dans la simplicité de mon âme,
j'ai cru à un appel de Dieu. Il me sem-
ble que J. C. m'a dit dans le silence
cette grande parole qui donne aux
apôtres, avec la mission, le courage et
l'efficacité : *Ite* : Allez ; allez dire à ces
hommes •passionnés pour le Progrès
que le Progrès c'est moi." Et il est venu,
en effet ; il a noblement accompli sa
tâche, et en lisant ses discours on sent à
chaque instant " le souffle de l'amour
qui les conçut et du dévouement qui les
fit naître."

Après l'apologétique, il fallait à
Notre-Dame l'exposition et la démons-
tration des dogmes du *Credo.* 'Monsabré
parut ; il était prêt pour cette œuvre

difficile et nécessaire : " Peut-être, dit-il dès le début de ses conférences, trou-verez-vous qu'il y a présomption de ma part à entreprendre une si grande tâche. Eh bien ! non. Je m'abandonne à Dieu. Si, pendant que nous parcourrons l'im-mensité de l'édifice que ses mains ont construit, il ouvre une tombe et m'in-vite à m'y coucher, j'obéirai sans mur-mure et lui demanderai avec amour un autre guide qui vous conduise jus-qu'aux plus hauts sommets d'où vous pousserez ce dernier cri de la foi triom-phante et de l'amour satisfait."

Voilà onze ans qu'il enseigne, et je ne crains pas de l'appeler le plus com-plet des conférenciers. Il n'a pas, il est vrai, la flamme oratoire, la puissante originalité, le merveilleux talent d'im-provisation de Lacordaire. Lacordaire, c'est l'aigle de Notre-Dame s'élevant à une hauteur que l'aigle de Meaux n'a pas toujours surpassée. Mais chez le père Monsabré quelle sûreté de doctrine ! quel développement admirable des thè-

ses les plus métaphysiques ! quel style
correct et vivant ! C'est l'écho fidèle de
la tradition catholique, le disciple ému
du docteur par excellence, de l'angé-
lique Thomas d'Aquin. Il en traduit les
ouvrages, il les commente, il les expli-
que ; jamais la science sacrée n'a parlé
un plus riche et plus vigoureux langage;
jamais dans la chaire française, la théologie, cette reine des sciences, n'a porté
une plus brillante couronne, ni revêtu
une pareille splendeur.

Cette année, le Père Monsabré traite
de l'auguste mystère de l'Eucharistie.
On dit que le tabernacle lui fournit
d'incomparables inspirations. Le peuple accourt en plus grand nombre que
jamais pour l'entendre, et il n'y a pas si
longtemps encore qu'il répondait aux
accents de cette voix si apostolique et
si française par d'enthousiastes applau-
dissements. Certes, il y avait de quoi.
Monsabré avait expliqué la notion du
sacrement. C'est un signe sensible de la
grâce qui ne se voit pas, un signe public

et extérieur d'unité qui relie tous les membres de la société chrétienne : " Comment saurai-je ! s'écrie l'orateur, que Dieu est en vous comme il est en moi, si je ne vois le signe par lequel sa vie vous est communiquée comme elle m'est communiquée ? Je vous entends prier et confesser le même Christ ; c'est bien, je suis content ; mais je saurai bien mieux que vous êtes mes frères, je serai bien plus disposé à vous respecter, à vous aimer, à me dévouer pour vous, si les signes sacramentels me donnent la certitude qu'une même vie divine nous anime, que vous et moi sommes les membres d'un même corps, pénétrés des mêmes influences bénies, et rattachés par ces influences à la même tête, qui est le Christ. Honneur donc au sacrement ! C'est le drapeau de la fraternité chrétienne. Petite chose en apparence, grande chose par ce qu'elle signifie. Le drapeau n'est-il pas le signe auquel se reconnaît une nation ? Ses fastes historiques, ses institutions, ses

lois, ses coutumes, sa vie, tout est là :
là, dans ce lé d'étoffe que les vents
tourmentent ou qui pend négligemment
sur sa hampe. Il se lève, on se lève
avec lui ; il marche, on le suit ; il s'a-
gite dans la mêlée, on l'entoure, on le
défend, au péril de sa vie. Les sabres,
les balles et la mitraille se disputent
ses lambeaux. Ce n'est plus qu'une
guenille, et devant cette guenille a-
breuvée de gloire, les tambours battent
aux champs, les soldats portent les armes. Debout, citoyens, voilà la France
qui passe ! Vive la France ! " Et la foule électrisée se leva en'effet en battant
des mains, pour saluer la patrie qu'elle
croyait voir passer !...

III

Une vue d'ensemble était nécessaire
au début de cette étude ; il nous faut
maintenant revenir sur nos pas. Les
Conférences de Notre-Dame de Paris
ont été sans contredit pour la France

un incomparable bienfait. Rappelons-
nous, Messieurs, l'état de notre mère
patrie pendant les trente premières
années de ce siècle.

Au sortir des horreurs révolutionnai-
res, on vit, comme le dit Lacordaire,'' un
grand capitaine porté, par des batailles
gagnées, à la tête de l'Etat, chercher
quel pourrait être son appui dans l'esprit humain et n'en pas trouver d'autre
qu'une Eglise ruinée qui était la fable
des gens d'esprit. '' Le Concordat de
1801 était sans doute de nature à ré-
jouir les croyants ; cependant nous au-
rions le tort de penser qu'il inaugura
pour le catholicisme une ère de parfaite
liberté. Chose étrange, Messieurs, la
liberté chrétienne, la première et la plus
sacrée des libertés, est celle qui subit
toujours les plus formidables attaques.
Il faut la conquérir au prix de la parole, de la vertu et parfois au prix du sang.
En France, sous le Consulat et sous
l'Empire, la liberté était captive. Por-
talis ne disait-il pas que la puissance

publique n'est rien si elle n'est tout ?
A l'Etat seul le droit d'enseigner, et
l'on devine quels principes devait ins-
pirer à la jeunesse cet Etat formé lui-
même à l'école de Voltaire. Ce n'é-
taient pas les évêques, mais le prince
qui devait approuver les règlements de
l'organisation des séminaires. Les jeunes lévites ne pouvaient entrer dans le
sanctuaire qu'avec l'approbation du
gouvernement. Les conciles généraux
étaient regardés comme des conciles
étrangers, et tout acte de la papauté
devait être soumis à la puissance sé-
culière pour avoir force de loi. C'est
alors que l'abbé Frayssinous inaugura ses conférences à St-Sulpice : discours classiques, solides, intéressants,
sur les vérités fondamentales de la
religion. Le cardinal Maury, de hauts
fonctionnaires de l'Etat, des person-
nages illustres allaient l'entendre.
Mais le ministre de Dieu eut un tort
immense, et le préfet de police ne
manqua pas de le mander pour le

lui reprocher : " il prêchait le cago-
tisme, il fanatisait la jeunesse, il ne
parlait jamais de la gloire de l'Empe-
reur et de ses soldats ! " Est-il étonnant
après cela que la Restauration ait été
accueillie comme une délivrance et
Louis XVIII comme un libérateur ?
L'Eglise espérait de beaux jours. Voilà
en effet le catholicisme proclamé la
religion de l'Etat, le repos du diman-
che devenu une loi, le divorce disparu
du code civil, les évêques reconnus
comme les seuls directeurs des séminaires, les congrégations religieuses
encouragées ; on put croire un instant
à un réveil de la foi par toute la France. Hélas ! la réaction était trop vio-
lente, l'incrédulité releva la tête et ré-
solut de livrer bataille. Pour détruire
l'effet des livres de Chateaubriand et du
comte de Maistre, elle réédita les ouvrages de ses maîtres, Voltaire et Rous-
seau. Les plus immondes écrivains sor-
tirent de leur tombe, afin de corrompre
les cœurs honnêtes, et, pour faire rire

le peuple, le licencieux Béranger chanta. Lettre morte que cette charte royale qui avait donné de si douces espérances ! La marée antichrétienne monta, monta toujours, et quand éclata la révolution de 1830, on vit des Français, ou plutôt des barbares, démolir le palais épiscopal, saccager St-Germain l'Auxerrois, et briser partout dans Paris le signe auguste qui sur le Calvaire avait sauvé le monde. Ce n'était pas le dernier mot de l'incrédulité. Jusqu'alors elle s'était montrée féroce, elle devint stupide. Pour édifier, après avoir détruit, elle imagina une société nouvelle, une religion nouvelle, un sacerdoce nouveau, et, dans la capitale même de la France, elle tenta de réaliser les monstrueuses utopies de Saint-Simon, de Comte et de Fourrier. Ce fut son coup de mort. Apparaissez, anges de la charité que le ciel inspire, fondateurs et membres de la société de Saint-Vincent-de-Paul. Que je te salue à la tête de cette généreuse phalange, ô Frédéric Ozanam,

jeune homme de vingt ans ! Vous avez
entendu vos philosophes pérorer dans
leurs tribunes académiques, ils n'abou-
tissent à rien ; il faut un remède à votre pays malade, c'est vous, visiteurs
des pauvres et consolateurs des affligés,
qui appellerez le médecin. Ils s'adres-
sent en effet à l'archevêque de Paris, ils
sollicitent un enseignement qui réponde à leurs besoins et à ceux de leurs
frères et ils l'obtiennent ; ils désignent
même le prédicateur qu'il leur faut : un
homme qui a souffert comme eux, qui
a gémi comme eux, qui parle leur lan-
gue et dont le cœur bat comme leur
cœur ; après beaucoup d'instances, le
prédicateur leur est donné, et Lacordaire, âgé de trente-trois ans, monte dans
la chaire de Notre-Dame, pour ensei-
guer sa patrie.

IV

Ce jeune prêtre avait déjà un passé
illustre et son nom était connu par

toute la France. Né à Dijon en 1802, orphelin de père dès ses premières années, il avait été élevé par sa pieuse mère dans l'amour et le respect du christianisme. Malheureusement, au lycée où il fit ses études, il perdit la foi. Toute pratique religieuse disparut de sa vie ; il fut de son siècle, il en connut les tristesses et les misères. Mystérieux desseins de la Providence qui, plus tard, inspireront à l'immortel conférencier cet humble et touchant aveu : " Dieu nous avait préparé à cette tâche en permettant que nous vécussions d'assez longues années dans l'oubli de son amour, emporté sur ces mêmes voies qu'il nous destinait à reprendre un jour dans un sens opposé ; en sorte qu'il ne nous a fallu, pour parler comme nous l'avons fait, qu'un peu de mémoire et d'oreille, et que nous tenir, dans le lointain de nous-même, en unisson avec un siècle dont nous avions tout aimé. "

Entré au barreau, vers lequel le portaient ses talents et ses goûts, il s'y fit remarquer dès ses premiers discours, et Berryer, qui l'entendit, lui prophétisa de grands succès. Mais soudain, touché par la grâce, converti comme Paul sur le chemin de Damas, le jeune avocat quitte le monde, et entre à Saint-Sulpice. Là, il vit pendant plusieurs années de l'humble vie de séminariste, et, ordonné prêtre en 1827, il est nommé aumônier de couvent.

Un homme attirait alors sur lui tous les regards et exerçait sur tous les esprits d'élite une véritable fascination : c'était Lamennais. On l'appelait le dernier des Pères de l'Eglise et le Bossuet de notre siècle. Il vit Lacordaire et se l'attacha. Tous deux, avec Montalembert, voulant unir leurs efforts pour défendre le catholicisme méprisé, et pour conquérir une liberté qu'on leur refusait sur toute la ligne, fondèrent l'*Avenir*, journal qui devait être si tristement célèbre. Cette feuille, lancée d'un bout du pays à l'autre, produisait une sensation impossible à décrire. Ses

rédacteurs faisaient trembler les gouver-
nants plus que n'auraient fait des soldats.
Aussi, il faut le dire, c'étaient de vrais
coups de feu que les articles qu'ils écri
vaient contre leurs persécuteurs. Qu'on
en juge par l'exemple suivant. Un homme était mort après avoir repoussé les
secours de la religion. Le curé avait refusé à son tour la sépulture ecclésiastique,
et le sous-préfet avait osé faire entrer le
cadavre dans l'église, par la force armée.
Lacordaire prit la plume et fit son premier article, signé de ses initiales. Il
s'adresse aux prêtres : " Un de vos frères
a refusé à un homme mort hors de votre
communion les paroles et les prières
de l'adieu des chrétiens. Votre frère
a bien fait : il s'est conduit en homme
libre, en prêtre du Seigneur, résolu à
garder ses lèvres pures de bénédictions
serviles. Malheur à qui bénit contre
la conscience, à qui parle de Dieu avec
un cœur vénal ! Malheur au prêtre qui
murmure des mensonges au bord d'un
cercueil! qui conduit les âmes au juge-

ment de Dieu par crainte des vivants et pour une vile monnaie ! Sommes-nous les fossoyeurs du genre humain !... Votre frère a bien fait ; mais une ombre de proconsul a cru que tant d'indépendance ne convenait pas à un citoyen aussi vil qu'un prêtre catholique. Il a ordonné que le cadavre serait présenté devant les autels, fallût-il employer la violence pour l'y conduire, et crocheter les portes de l'asile où repose, sous la protection des lois de la patrie, sous la garde de la liberté, le Dieu de tous les hommes et du plus grand nombre des Français...... Or l'homme qui a traité un lieu où les hommes plient le genou avec plus d'irrévérence qu'il n'en serait permis à l'égard d'une étable, cet homme, il est au coin de son feu, tranquille et content de lui. Vous l'auriez fait pâlir si, prenant votre Dieu déshonoré, le bâton à la main et le chapeau sur la tête, vous l'eussiez porté dans quelque hutte faite avec des planches de sapin, et jurant de ne pas

3

l'exposer une seconde fois aux insultes des temples de l'Etat."

Ainsi écrivait avec la verve de Mirabeau improvisant à la chambre, cet aumônier de vingt-huit ans. Attaqué souvent, il se défendait avec vaillance. On le citait à l'audience de la police correctionnelle : il revêtait aussitôt sa robe d'avocat et plaidait lui-même sa cause au nom de la liberté. Si on l'appelait le ministre d'un pouvoir étranger parce qu'il était prêtre, il répliquait : " Nous sommes les ministres de quelqu'un qui n'est étranger nulle part : de Dieu ! " Mais bientôt sa voix se fit entendre dans une grande cause. Avec Montalembert, il avait ouvert une école afin d'affirmer à la face de son pays la liberté d'enseignement que l'Etat n'accordait qu'à ses fonctionnaires serviles. Représentons-nous, Messieurs, ces deux jeunes gens, ces deux lutteurs infatigables, ce prêtre et ce laïque dans une humble maison, montrant à lire et à écrire à de pauvres enfants. N'est-ce

pas un spectacle plus touchant que
celui de Socrate discourant sur l'im-
mortalité de l'âme, ou de Platon philo-
sophant, dans les jardins d'Académus ?
Hélas ! ce qui arriva vous est connu.
Les puissants du jour eurent peur de
ces petits maîtres d'école, et résolurent
de leur imposer silence. Un commis-
saire se présente : " Au nom de la loi,
dit-il aux enfants, je vous ordonne de
sortir : "—Au nom de vos parents, dont
j'ai l'autorité, s'écrie Lacordaire, je
vous ordonne de rester.—" Nous reste-
rons, répondent les enfants ! "—Il
fallut pourtant céder devant la violence,
mais un grand procès s'ensuivit.
Devant la chambre des Pairs, Montalembert fit en faveur de la liberté d'enseignement un discours suffisant, à lui
seul, pour immortaliser une vie
d'homme. Lacordaire parut à son tour :
" Nobles Pairs, dit-il, je regarde et je
m'étonne. Je m'étonne de me voir au
banc des prévenus, tandis que M. le
procureur général est au banc du

ministère public ; je m'étonne que **M.**
le procureur général ait osé se porter
mon accusateur, lui qui est coupable
du même délit que moi, et qui l'a
commis dans l'enceinte où il m'accuse,
devant vous, il y a si peu de temps.
Car de quoi m'accuse-t-il ? D'avoir usé
d'un droit écrit dans la Charte, mais non
encore réglé par une loi : et lui vous
demandait naguère la tête de quatre
ministres en vertu d'un droit écrit dans
la Charte et non réglé par une loi ! S'il
a pu le faire, j'ai pu le faire aussi, avec
la différence qu'il demandait du sang
et que je voulais donner une instruc-
tion gratuite aux enfants du peuple.
Tous deux, nous avons agi au nom de
l'article 69 de la Charte. Si M. le procureur général est coupable, comment
m'accuse-t-il ? et s'il est innocent, comment m'accuse-t-il encore ? "—Ainsi se
continua cette chaleureuse défense qui
se terminait par les paroles suivantes :
" Quand Socrate, dans cette première et
fameuse cause de la liberté d'enseigne-

ment était prêt à quitter ses juges, il leur dit : " Nous allons sortir, vous pour vivre, moi pour mourir." Ce n'est pas ainsi, mes nobles juges, que nous vous quitterons. Quel que soit votre arrêt, nous sortirons d'ici pour vivre : çar la liberté et la religion sont immortelles, et les sentiments d'un cœur pur que vous avez entendus de notre bouche ne périssent pas davantage." — Il fut condamné à cent francs d'amende ; mais le peuple l'acclama comme un glorieux vainqueur.

Cependant l'*Avenir* devenait suspect, les thèses qu'il soutenait tournaient au paradoxe, et l'autorité religieuse s'alarma. La publication du journal fut suspendue, et Lamennais, Lacordaire et Montalembert partirent pour Rome, afin de soumettre leur cause au St-Siège.

Les doctrines de l'*Avenir* furent réprouvées ; Lacordaire et Montalembert se soumirent, mais Lamennais se révolta, et entre lui et ses deux amis ce fut dès lors une rupture éternelle. Je n'ai pas à raconter ici la triste histoire de l'ange déchu. Je dirai seulemeut, pour ce qui touche à mon sujet, qu'il répondit à l'encyclique du pape par le plus malheureux des livres : *Les paroles d'un croyant*. Alors Lacordaire crut de son devoir de défendre l'Eglise sa mère contre son ancieu ami et son ancien maître, et publia un ouvrage, dont la dernière page,l'une des plus belles qu'il ait écrites, est le cantique inspiré d'une âme heureuse d'avoir trouvé la vérité : " O Rome, c'est ainsi que je t'ai vue ! Assise au milieu des orages de l'Europe, il n'y avait en toi aucun doute de toi-même, aucune lassitude ; ton regard, tourné vers les quatre faces du monde, suivait avec une lucidité sublime le développement des affaires humaines dans leurs liaisons avec les affaires divines ; seulement, la tempête qui te laissait calme, parce que l'esprit de Dieu soufflait en toi, te donnait aux yeux du simple fidèle, moins accoutumé aux variations des siècles,quelque chose qui

rendait son admiration compatissante.
O Rome ! Dieu le sait, je ne t'ai point
méconnue pour n'avoir pas rencontré
de rois prosternés à tes portes ; j'ai baisé
ta poussière avec une joie et un respect
indicibles ; tu m'es apparue ce que tu es
véritablement, la bienfaitrice du genre
humain dans le passé, l'espérance de
son avenir, la seule grande chose aujourd'hui vivante en Europe, la captive
d'une jalousie universelle, la reine du
monde......O Rome ! un de tes fils à qui
tu as rendu la paix, de retour dans sa
patrie, a écrit ce livre. Il le dépose à tes
pieds comme une preuve de sa reconnais-
sance, il le soumet à ton jugement
comme une preuve de sa foi."

Voilà, Messieurs, l'homme qui, en
1835, allait être chargé des conférences
de Notre-Dame. Il était nécessaire de
rappeler ses antécédents, car ils nous
font comprendre pourquoi la jeunesse
catholique le désira pour son docteur.
Cependant l'Archevêque n'était pas
porté vers ce choix. La fougue de

Lacordaire, ses hardiesses de langage, les relations qu'il avait eues avec Lamennais lui inspiraient des craintes. Ajoutons que l'orateur connaissait parfaitement sa force et sa faiblesse,et qu'il ne pouvait se résoudre à débiter devant un auditoire un discours écrit et appris par cœur : " Parler et écrire sont deux facultés tout à fait séparées chez moi, disait-il, et qui ne peuvent s'exercer qu'à part l'une de l'autre." Il avait besoin d'improviser : c'était le seul moyen pour lui de livrer son âme tout entière. Certes, l'improvisation est sans doute le secret des grands triomphes de la parole, mais elle n'est pas sans inconvénients ; et, quand il s'agit de l'exposition de la doctrine, elle présente de vrais dangers. Voilà ce qui faisait hésiter Mgr de Quélen. Enfin, cédant à des sollicitations pressantes, il offrit la chaire de Notre-Dame à Lacordaire..... Quoiqu'il ne restât à celui-ci que sept semaines pour se préparer, il n'était point pris à l'improviste et il eut bientôt

arrêté le plan de toute sa prédication.
Avant lui, les apologistes partaient du
fait de la révélation primitive attesté
par l'histoire, pour arriver à la loi
mosaïque, puis à l'Evangile, à Jésus-
Christ, et enfin à l'Eglise ; lui, remonta
de l'Eglise à la révélation primitive.
Jusqu'alors on avait prouvé que le
christianisme est excellent parce qu'il
vient de Dieu ; Lacordaire voulut dé-
montrer qu'il vient de Dieu parce qu'il est
excellent. Ce fut l'œuvre de plusieurs années pendant lesquelles il vit sa chaire
entourée *de silence et d'honneur*. On le
comprend, c'était surtout aux arguments
de l'ordre moral qu'il fallait faire appel ;
il convenait d'invoquer le témoignage
du cœur humain, et, dans le développement de ces preuves, jamais Lacordaire
ne pourra être égalé.

Ecoutons l'orateur lui-même raconter
sa première entrée comme conférencier
dans cette église métropolitaine, qu'il
aimait à appeler sa grande patrie : " Le
jour venu, Notre-Dame se remplit d'une

multitude qu'elle n'avait point encore
vue. La jeunesse libérale et la jeunesse
absolutiste, les amis et les ennemis, et
cette foule curieuse qu'une grande
capitale tient toujours prête pour tout
ce qui est nouveau, s'étaient rendus à
flots pressés dans la vieille basilique.
Je montai en chaire, non sans émotion,
mais avec fermeté, et je commençai
mon discours, l'œil fixé sur l'Archevêque, qui était pour moi, après Dieu,
mais avant le public, le premier per-
sonnage de cette scène. Il m'écoutait
la tête un peu baissée, dans un état
d'impassibilité absolue, comme un homme qui n'était pas simplement specta-
teur, ni juge, mais qui courait des
risques personnels dans cette solennelle
aventure. Quand j'eus pris pied dans
mon sujet et mon auditoire, que ma
poitrine se fut dilatée sous la nécessité
de saisir une si vaste assemblée d'hommes, il m'échappa un de ces cris dont
l'accent, lorsqu'il est sincère et pro-
fond, ne manque jamais d'émouvoir.

L'Archevêque tressaillit visiblement ;
une pâleur qui vint jusqu'à mes yeux
couvrit son visage ; il releva la tête et
jeta sur moi un regard étonné. Je
compris que la bataille était gagnée
dans son esprit, elle l'était aussi dans
l'auditoire."

Ce cri auquel Lacordaire fait allu-
sion et qui produisit sur les six mille
hommes qui l'entendirent un effet
pareil à celui de la parole d'Ezéchiel
au milieu du champ d'ossements où Dieu
avait conduit le prophète, ce cri, le
voici : "Assemblée, assemblée, que me
demandez vous ? Que voulez-vous de
moi ? la vérité ?... Vous ne l'avez donc
pas en vous ! Vous la cherchez donc,
vous voulez donc la recevoir ; vous
êtes venus ici pour être enseignés." Ce
n'était pas, Messieurs, . une vaine
déclamation, ni une apostrophe banale,
mais une preuve véritable, un argument *ad hominem*, et comme le résumé
de toute sa première conférence. Cette
conférence je l'analyse en peu de

mots : L'homme est un être enseigné :
enseigné par sa mère dès les premières
années de sa vie, enseigné plus tard par
des maîtres, enseigné toujours : il a
besoin d'une autorité qui le guide, qui
le dirige et qui l'éclaire, il en a besoin
parce que Dieu l'a fait ainsi. " S'il n'é-
tait pas un être enseigné, il communi-
querait directement avec la vérité et
ses erreurs seraient purement volontai-
res et individuelles ; mais il est enseigné, et l'enfance ne peut se défendre
contre l'enseignement de l'erreur, et le
peuple ne peut se défendre contre l'enseignement de l'erreur, et la plus grande
partie des gens éclairés ne peuvent se
défendre contre l'erreur qu'elle a sucée
dès l'enfance, ni contre l'ascendant de
quelques intelligences supérieures qui
dominent les autres. " Que faut-il con-
clure, Messieurs, de ce fait indéniable ?
C'est que l'humanité est condamnée à la
plus lamentable des conditions, ou qu'il
faut " un enseignement divin qui protè-
ge l'enfance, le vulgaire des gens éclai-

rés,et ceux-là mêmes qu'une intelligence
plus forte livre à la domination privée de
leur orgueil, et n'affranchit pas de la domination publique de leur siècle ou de
leur nation. Oui, la vérité n'est qu'un
nom, l'homme n'est qu'un misérable
jouet d'opinions qui se succèdent sans
fin, ou bien il doit y avoir sur la terre
une autorité divine qui enseigne l'homme, cet être nécessairement trompé par
l'enseignement de l'homme ! " Cette
autorité où est-elle ? Comment la recon-
naître ? A ce signe aussi éclatant que
le soleil, à ce signe suffisant à lui seul,
qui est l'universalité.

Car elle doit être universelle cette
autorité divine, puisqu'elle est nécessaire non seulement à une famille, non
seulement à une nation, mais à l'humanité tout entière. Et elle est divine cette
autorité universelle ; car nulle autorité
humaine, ni philosophique, ni religieuse ne peut revendiquer une pareille
gloire depuis l'origine du monde. Seule
l'Eglise catholique enseigne partout et

toujours ; seule elle règne par tout l'univers ; elle est l'autorité que nous cher-
chons, l'autorité divine dont nous avons
besoin.

Voilà, Messieurs, cet argument tiré de
l'expérience quotidienne, de l'histoire,
du plus intime de notre nature, argument philosophique et populaire auquel
l'esprit et le cœur ne peuvent s'empêcher d'applaudir. Oui, c'est bien cela ;
il nous faut une autorité : l'Eglise seule
est cette autorité ; donc elle est divine.
C'est toute la pensée d'un discours que
je veux vous lire en terminant, discours
admirable, trop peu connu et qui méri-
te d'être comparé à la conférence dont
je vous ai donné un pâle résumé. Il
est d'un laïque converti, Raymond
Brucker, et s'adresse à des ouvriers. Ce
n'est pas le même langage, mais c'est
le même raisonnement sous la forme la
plus originale qui se puisse concevoir.
La citation est un peu longue, mais elle
est si belle que je n'ai pas le courage de
l'abréger :

" En ce temps-là, Messieurs, la Genre humain tout entier, celui qui a été, celui qui est, celui qui sera, se réunit en une grande plaine. Et il y convoqua tous les Philosophe, présents, passés et à venir.

" Et le Genre humain parla ainsi aux Philosophes : J'ai lu tous vos ouvrages. Oui, tous. Et je dois dire que je m'y suis effroyablement ennuyé. J'en bâille encore. Le Genre humain bâillait, et rien n'était plus terrible à entendre que ce bâillement de Genre humain.

" Il reprit en ces termes : J'ai donc lu tous vos ouvrages, afin de pouvoir répondre à cette grande question qui me tient en fièvre et en angoisse : Qu'est-ce que la vérité ?

" Et, après les avoir lus et relus, je me suis trouvé en de lugubres et épouvantables ténèbres. J'en savais bien moins qu'avant.

" Je vous ai donc convoqués pour vous poser de nouveau le grand problème qui m'agite et pour vous adresser trois demandes. Veuillez, si vous le pouvez, m'écouter en silence.

"Les philosophes écoutèrent et le Genre humain leur dit : Je veux tout d'abord, — j'ai bien le droit de vouloir, je suppose, — je veux un livre, un petit livre, de · dix ou vingt pages, qui contienne toute la vérité sous une forme très élémentaire et tout à fait transparente ; un petit livre qui puisse se mettre en poche et ne coûte que deux sous ; un petit livre qui soit également à la portée du penseur, du poète et aussi de ces multitudes vulgaires qui vivent uniquement de la vie pratique et matérielle. Tel est le livre, telle est la leçon que je veux.

" Les philosophes se regardèrent avec stupeur et se dirent d'un commun accord. Est-il bête, ce Genre humain ? Ne s'imagine-t-il pas que nous possédons la vérité. Mais, si nous l'avions, ce ne serait certes pas à ce prix-là que nous la vendrions.

"Et plusieurs d'entre eux commencèrent à s'effacer et à disparaître.

"Le Genre humain, sans les voir, continua en ces termes : non seulement je veux que vous me donniez la théorie ; mais je prétends que vous m'offriez l'exemple.

"Non seulement je veux un petit livre populaire qui contienne la vérité en dix pages et qui la vulgarise universellement dans le temps et universellement dans l'espace ; mais je veux qu'il vienne un jour quelqu'un pour m'offrir l'exemple de toutes les vertus qui sont enseignées dans le petit livre.

" Et je veux que cet exemple puisse être aisément imité par l'homme, par la femme et par l'enfant, par ces trois membres augustes de la Trinité humaine.

" Pouvez-vous me donner le livre ? Pouvez-vous me donner l'exemple ?

" Les trois quarts des Philosophes avaient déjà disparu. Et le Genre humain, qui s'en aperçut, commença à être triste dans son cœur.

4

" Ce n'est pas tout, dit-il encore, non seulement il me faut une Leçon, non seulement il me faut un Exemple immortels ; mais j'ai encore besoin d'une immortelle Institution qui réponde tout à la fois à ces trois idées : science, richesse et dévouement. Une Institution qui s'appuie sur la science, qui mette la richesse à son service et qui ait le dévouement pour essence.

" Une Institution qui garantisse et perpétue la Leçon et l'Exemple, en les rendant éternellement vivants sous mes yeux.

" Quand le Genre humain eut achevé ces mots, il jeta un regard sur les Philosophes ; épouvantés, tous s'étaient enfuis.

" Alors le Genre humain, le pauvre Genre humain se mit à fondre en larmes. Un sanglot de Genre humain !

" Et il se roulait par terre, désespéré de ne pouvoir posséder la Vérité aimée, et de n'avoir ni la Leçon, ni l'Exemple, ni l'Institution.

" Et comme il était ainsi perdu dans sa douleur, il aperçut soudain, en je ne sais quel coin, une espèce d'homme, vêtu d'une espèce de blouse, qui portait sur ses épaules une espèce de poutre, un gros morceau de bois. Comme qui dirait une croix.

" Et l'homme avait ses beaux cheveux blonds tout couverts de sang. Le sang lui tombait sur les yeux. Le sang coulait à grosses gouttes sur tout son corps.

" Et il regardait le pauvre Genre humain si doucement, si doucement, si doucement !

" Puis il s'avança : avec quelle lenteur, avec quelle majesté ! il marchait, portant le bois énorme. Et il dit d'une voix si tendre, si tendre : Tu veux la vérité ? Je te l'apporte.

" Tu veux un petit livre qui contienne en dix pages toute la vérité et qui soit compris de tous. Tiens, prends ce petit livre.

" Et, à la première page, le Genre humain lut : Catéchisme. L'homme continua : Tu m'as demandé non seulement une leçon, mais un exemple vivant. Tiens ; regarde-moi. Je suis ton Dieu qui s'est fait homme pour t'offrir un type éternel et te conduire à la béatitude.

" Enfin, tu m'as demandé une Institution. Tiens, prends ; voici l'Eglise.

" Et le Genre humain tomba à genoux et adora Jésus-Christ. "

Comme vous le voyez, Messieurs, l'illustre dominicain n'avait pas dit autre chose : l'Eglise est divine parce qu'elle répond à toutes les aspirations et à tous les besoins de notre esprit et de notre cœur. Ce sera la conclusion de cet entretien.

Messieurs, vous n'avez entendu ce soir que le début de l'enseignement de Lacordaire à Notre-Dame de Paris. J'ai donc simplement effleuré mon sujet. Par là, je le sais, j'ai pris vis-à-vis de vous l'engagement tacite de poursuivre plus tard l'œuvre commencée. Je le ferai autant que les circonstances me le permettront et en comptant, Mesdames et Messieurs, sur votre bienveillance accoutumée.

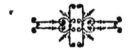